Pensieri e parole

GIUSEPPE CICCIA

Pensieri e parole

1ª Edizione, luglio 2015

Ascoltare Dio nel silenzio delle cose...

Premessa

Q uesto libro vuole essere un dialogo ami-
chevole con il lettore attraverso vari spunti
di riflessione.

Il personaggio principale, come tutti noi, ha molti
problemi. Chiedendoci consigli vuole farci parte-
cipe delle sue sofferenze, dei suoi dubbi, ma anche
delle gioie e delle vittorie. Rispondiamogli insieme
sinceramente, se vuoi. Scopriremo che la sua vita
è ricca di esperienze ma, come sempre, esse sono
tali se condivise con gli altri.

In questo viaggio, è importante essere accom-
pagnati dalla preghiera, per essere ascoltati da Dio
e avere da Lui le risposte che ci guidano.

Il tempo

Il tempo libero dal lavoro, dallo studio e dai noiosi impegni di ogni giorno è un tempo prezioso al quale non voglio rinunciare. Il tempo da trascorrere con gli amici, quello da dedicare ai miei hobbies preferiti, quello impegnato a pensare ai tanti sogni e progetti che coltivo e condivido solo con chi mi capisce, è tutto mio, a nessuno lo voglio «affittare» perché decida come lo devo utilizzare. Per ogni cosa c'è il suo momento, il suo tempo.

Il tempo non può essere speso solo per me stesso, il mio tempo è anche un dono per gli altri, forse è ciò di cui sono più ricco e il tesoro che posso mettere a disposizione di chi è privo di ogni cosa.

L'amicizia

Tante volte ho pensato che il desiderio di amicizia e di condivisione si scontra con una falsa immagine che ho degli altri. Quando vivo "fuori da me stesso", prigioniero dei luoghi comuni e schiavo delle idee della gente, sono subito pronto a "bollare" gli altri, senza fare alcuno sforzo per conoscerli davvero. Attribuisco delle maschere agli altri, e io stesso mi nascondo mascherandomi per non farmi conoscere in profondità.

Ho bisogno di vivere nell'umiltà e nella sopportazione reciproca con gli altri! Penso che, così facendo, riesca a essere veramente me stesso, e così posso scoprire più facilmente, dietro le apparenze, il vero volto dell'altro. Non conoscere la persona che mi sta accanto, significa non conoscere le sue ricchezze, le sue potenzialità, il suo valore, e lo stesso vale per me: non farmi conoscere, sfuggire, essere impenetrabile, vuol dire negare a mio fratello un'occasione per crescere!

La libertà

Il desiderio di libertà che mi porto dentro è la cosa di cui sono più geloso. La mia libertà è un tesoro che devo custodire e amministrare con cura, perché nessuno me lo rapisca.

Per trovare questo tesoro, certe volte mi accorgo di cadere in inganno. I miei desideri sono a volte come dei tiranni e pretendono che obbedisca senza alcuna opposizione alle loro esigenze. E quando non sono capace di oppormi alla loro arroganza, mi ritrovo egoista, freddo e cinico, preoccupato solo di me stesso. E' questa la vera libertà?

Sono sempre al servizio di qualcosa o di qualcuno perché non sono onnipotente.

Sono stato creato da Dio. Solo quando sono al Suo servizio vivo in piena libertà. Ogni altro padrone mi appare un tiranno esigente e senza scrupoli. Il denaro, il potere, i soldi, la lussuria mi illudono di aprire mille possibilità e poi mi accorgo che mi chiudono intorno alle porte della loro misera prigione.

Il silenzio

Il mio cuore è sempre alla ricerca di ciò che è bello, di ciò che risponde pienamente alla voglia di felicità e di vita.

La bellezza effimera delle cose e delle persone spesso mi attira e mi seduce, senza che riesca a rendermi conto che dietro all'illusione c'è il vuoto della tristezza e della noia.

C'è, invece, una bellezza nascosta, quella che si fa conoscere nella voce tenue del silenzio, quella che si rivela quando ho il coraggio di lasciare la confusione superficiale e grossolana nella quale spesso cerco di affogare il mio desiderio di vita.

Bisogna che abbia il coraggio di fare silenzio dentro di me per sentire la voce di Dio che parla. Colui che ha fatto il mio cuore per sé, sa bene come dissetare la mia sete di felicità. Egli sa darmi riposo e vita in abbondanza.

I poveri

I poveri, quelli veri, sono sempre brutti. I poveri sono belli solo nelle favole, ma nella vita concreta, invece, sono brutti e mi fanno paura. I poveri di oggi non sono meno spaventosi di quelli di ieri: i malati di AIDS non fanno meno paura dei lebbrosi, e gli extracomunitari mi sembrano noiosi e antipatici come gli accattoni e i disgraziati di ogni tempo.

Anche Gesù in croce è brutto. Ha voluto essere brutto come ogni povero, per essere solidale con tutti gli uomini, fino all'ultimo. Eppure il centurione riconosce in quella bruttezza il raggio più luminoso della bellezza nascosta di Dio.

In quell'uomo sfigurato, egli può finalmente riconoscere il Figlio di Dio. Gesù è vicino a me oggi nei poveri: «Ogni volta che avete fatto queste cose a uno solo di questi miei fratelli più piccoli, l'avete fatto a me» (Mt 25,40). Riconosco e vedo il Figlio di Dio quando riconosco e amo i poveri.

La chiesa

Quante volte mi sono lamentato perché nella mia Parrocchia le cose non vanno come vorrei! Sono facile a lasciar perdere, a convincermi che «non conta niente» impegnarsi.

Alcune volte vorrei darmi da fare, inventare qualcosa, smuovere un po' le acque... ma non so da dove partire.

Quando voglio mettere mano a un'opera, e dò il mio contributo per costruire la comunità cristiana, sono certo che la mia opera darà frutto, perché la Chiesa è stata voluta da Gesù e ad essa egli ha comunicato la sua forza invincibile, lo Spirito Santo.

Perciò, nonostante tutto, quando lavoro per costruire la Chiesa, sono certo che il mio dono resisterà di fronte alle tempeste del disimpegno, della critica, della divisione.

La scelta giusta

Mi è capitato tante volte di rinunciare a scelte importanti perché temevo che non fossero comprese, anche se personalmente ero convinto che fossero giuste.

A volte sono così ipocrita che m'importa più della «figura» che faccio davanti agli altri piuttosto che impegnarmi per gli ideali in cui credo.

Si è davvero uomini quando si preferisce il disprezzo della gente al rinnegamento delle proprie idee. Se amiamo davvero un ideale, una causa, non importa se non siamo compresi.

E se questa causa è nientemeno che la scelta di Dio come il valore assoluto e la persona più importante da amare, allora vale la pena di lasciare tutto per Lui.

Il valore delle piccole cose

I progetti sono grandi finché abitano nei miei sogni e diventano piccoli quando cerco di portarli nella realtà. I castelli di sabbia vengono spazzati via al soffio delle prime difficoltà. Il rischio è di scoraggiarmi e di non avere più il coraggio di mettere pietra su pietra.

Se è Dio l'architetto del mio progetto, l'opera è certamente realizzata. Quello che mi stupisce è che Egli non usa grandi mezzi, ma si serve di ciò che è più umile per fare cose grandi e spettacolari, e cresce silenziosamente in ciò che viene seminato nella povertà e nella semplicità.

Sono le cose piccole, nascoste, le cose povere fatte con tutto il cuore che cambiano il mondo. In

esse c'è una forza misteriosa che cresce e germo-
glia, la forza di Dio.

La parola di Dio

Ogni giorno milioni di parole raggiungono le mie orecchie e una valanga di immagini colpisce i miei occhi. Mi succede così di essere un recettore passivo di tanti messaggi contrastanti cui è difficile dare un senso preciso.

Ci vorrebbe un punto di riferimento, una voce che parlasse chiaro e forte per guidare con sicurezza il mio cammino sulla strada della vita. Una voce amica di cui fidarsi, una voce che non illuda e non tradisca. Tra mille voci ho bisogno di cogliere una parola più ricca e più vera di ogni altra. Nella confusione dei messaggi, chi ascolta una parola dolce, soave, sublime e la mette in pratica, penso si dimostri saggio.

Ma se faccio attenzione e ascolto nel silenzio, sicuramente questa parola mi parlerà nel profondo del cuore, e mi accorgerò che in essa si trova la vita che cerco e che spero.

La testimonianza

Spesso mi succede di pensare come pensano tutti, di giudicare la realtà secondo quanto mi propone la televisione, di seguire la moda del momento.

A volte, per esprimermi, invece di usare un modo originale, seguo il linguaggio in voga tra le persone della mia età. Così le cose che si dicono sono sempre le stesse e non portano a nessuna novità, spengono ogni speranza che qualcosa possa cambiare. E' difficile rompere questa logica di conformismo, avere il coraggio di pensare in modo originale: ho paura di essere incompreso ed emarginato. Devo abituarmi a parlare apertamente

e senza timore servendomi di un linguaggio nuovo.

I miei amici e tutti gli uomini hanno bisogno di
parole nuove, parole di speranza, e gesti coraggio-
si.

Non devo avere paura di nulla!

Il consumismo

Le vetrine del centro, la pubblicità in televisione, il confrontarmi con quello che possiedono i miei amici: tutto sembra dirmi che non posso fare a meno di certe cose o vivere rinunciando a qualcosa. Quando sono sincero con me stesso, mi accorgo che troppe volte, servendomi di mille scuse, finisco per diventare schiavo del denaro e dei beni materiali.

È questo che mi rende felice? Possedere sempre più cose non è una soddisfazione che dura un attimo?

Quante volte ho le mani piene di cose e il cuore vuoto di amore!

Se avrò il coraggio di spogliarmi di tante cose inutili mi troverò molto più vicino alle altre persone, perché molto spesso gli oggetti che possiedo costruiscono tra me e gli altri un muro invalicabile d'indifferenza e di egoismo.

È sicuramente meglio essere povero di beni per essere ricco di carità, di amicizia, di rapporti personali veri.

La felicità

Le grandi speranze, le mete per le quali vale
la pena di faticare e di rischiare, non sono
quelle che il mondo mi propone. Il successo nella carriera o nello sport, il benessere e il
potere politico o economico, l'applauso delle folle
e le schiere di ammiratori sono risultati che non
soddisfano mai in pienezza il mio cuore.
Posso raggiungere qualsiasi altro obiettivo ma, se
perdo questa strada, rimango completamente a
mani vuote.

Per raggiungere la felicità occorre il coraggio di
essere piccoli, di abbandonarsi con la fiducia con
cui un bambino si abbandona tra le braccia della
propria madre.

Il coraggio di essere piccoli è la vera grandezza dell'uomo! Solo allora sono al sicuro dall'insuccesso.

La rinuncia

Sono bravo a trovare le scuse per soddisfare tutti i miei comodi e le mie voglie, anche le più capricciose. Alcune volte faccio tanti ragionamenti con cui giustifico tutto, anche il fatto di procurarmi le cose superflue, quelle che una volta possedute sono subito dimenticate.

Quando però rientro in me stesso mi rendo conto che molte volte rischio di diventare schiavo degli oggetti, quasi che siano le cose a possedere me e non io a usare le cose.

La brama di avere sempre più si trasforma in un carcere dove l'insoddisfazione e l'invidia rosicchiano la pace e la serenità che desidero.

La rinuncia da ciò che è inutile, a quanto può soddisfarmi ma mi condiziona, sono un momento di libertà in cui posso dire ad alta voce che la vita vale più delle cose. In me c'è uno spirito che vuole respirare libero, mentre spesso lo soffoco di cose che non servono.

Ho bisogno di rinunciare in segreto per ritrovare un rapporto più sincero con me stesso e rinnovarmi nella libertà dalle cose.

Seguire qualcuno

Quando nelle scelte coraggiose, mi accorgo di essere criticato, può essere difficile continuare a essere fedele ai miei ideali. L'aiuto e il sostegno degli amici possono sembrarmi troppo preziosi per rinunciare ad essi e continuare da solo.

Quando ho il coraggio di continuare nonostante tutto, allora sto aprendo una strada per aiutare anche gli altri a ritrovare i valori veri.

È bello vedere che qualcuno può ricominciare dal mio esempio e trovare finalmente il senso profondo della vita.

Anch'io ho voglia di spezzare la logica che mi porta ad andare dove va la massa. Le grandi scelte, anche se fatte da solo, prima o poi si portano sempre dietro qualcuno.

A volte occorre solo che qualcuno ci preceda perché anche noi troviamo un po' più coraggio per partire.

Il tesoro

Qualche volta mi comporto come chi, avendo trovato un grande tesoro, anziché fare festa con i propri amici, lo nasconde sotto terra.

Spesso non ho la consapevolezza che la fede che il Signore mi ha dato è il tesoro più prezioso che possiedo. E non mi accorgo che sono in molti privi di questa ricchezza e attendono da me che metta a loro disposizione questo tesoro.

So anche che, se non condivido questo tesoro rischio di perderlo. Un proverbio indiano dice: «Tutto ciò che non è donato, va perduto». Quando invece ne faccio una cosa solo mia, da non condividere con gli altri, deperisce e pian piano ne rimango privo.

L'ipocrisia

Tra le cose che più mi fanno rabbia, c'è, senza dubbio, l'ipocrisia di tante persone che proclamano grandi ideali ai quali per primi non sono fedeli. Il mondo è pieno di chi sa insegnare come ci si dovrebbe comportare, ma è così vuoto di persone che sanno dare la propria testimonianza di vita con sincerità e verità di scelte e di comportamenti.

Sento una grande avversione per gli atteggiamenti ipocriti di chi si preoccupa di «pulire l'esterno del bicchiere» mentre non si accorge che l'interno è pieno d'iniquità. Anche a me capita di essere a volte intransigente con il prossimo e, contemporaneamente, di mancare di sincerità nei miei gesti e nelle mie scelte.

L'ipocrisia è un rischio sempre in agguato se non stiamo attenti a giudicare prima noi stessi. Spesso ci porta a farci giudici spietati e ingiusti del nostro prossimo.

Chi seguire?

Quando mi guardo intorno spesso un senso di smarrimento s'impossessa di me. Quale strada seguire? Quali modelli imitare? C'è un faro che, mentre attraverso il mare burrascoso e incerto della vita, mi possa indicare dove si trova il porto al quale devo approdare?

Talvolta ho l'impressione che nella navigazione della vita sono completamente solo, e così mi rendo disponibile a seguire chiunque, a fidarmi di qualsiasi ideale, a scegliere la prima bandiera che sventola.

Devo avere un punto di riferimento preciso nel mio cammino per realizzare in pieno la mia vita!

La vera gioia

Il mio cuore è come un abisso senza fine in cui più verso e più sento il bisogno di versare ancora. Quanto è grande la sete di felicità che è stata posta dentro di me? Perché questa sete sembra non estinguersi mai? Di quanta amicizia, di quanto amore, di quanta comprensione, di quanto successo ho bisogno per soddisfare pienamente tutto il desiderio di vita che c'è in me? Molti sono coloro che, ricercando la felicità, imboccano sentieri sbagliati.

La felicità la trovo quando non la cerco, quando mi dimentico di me stesso e di soddisfare le mie esigenze, per preoccuparmi della felicità e del bene del mio prossimo.

Quando so vivere con accoglienza, disponibilità, umiltà, pazienza, quando mi metto al servizio della felicità altrui, allora trovo la mia felicità. Essa mi viene incontro come un tesoro inaspettato e riempie fino all'orlo il mio cuore assetato.

L'amore guarisce

La critica spietata con cui condanno il prossimo è il metodo più sicuro per imprigionare l'altro nella sua situazione di errore e di peccato. Quando chi sbaglia sa di essere condannato dal giudizio altrui non ha più alcuna speranza di uscire dalla sua situazione.

È più facile condannare che capire. Quando sputo sentenze arroganti su coloro che hanno commesso un errore mi metto al sicuro dall'impegno di fare qualcosa per aiutarlo a redimersi. Così illudo anche me stesso di essere diverso e di non avere bisogno di perdono e di aiuto.

Nessuno può farsi giudice del prossimo.

La natura

Nella logica del possesso e del consumismo abbiamo fatto rientrare tutto, anche le cose più sacre, come il mondo in cui viviamo.

Spesso trattiamo il mondo e tutte le cose che contiene come se fossero di nostra proprietà, e ci appartenessero. Non ci rendiamo conto che, invece, la natura che ci circonda è un dono prezioso, un dono che non abbiamo meritato e del quale non siamo padroni, ma solo amministratori.

Il mare e i monti, il sole e le stelle, il cielo e i prati, gli alberi e gli animali non sono delle «cose» da usare, da sfruttare finché c'è in essi qualcosa da «spremere» per noi.

Essi esistono per qualcosa: per aiutarci a lodare il Signore che ha fatto cose così grandi e belle.

La santità

La vita dei cristiani è spesso uno strano equilibrio di sincerità e compromessi, di radicalità e concessioni alla logica del mondo.

Quando vedo quelli che, pur frequentando la Chiesa, non vivono secondo gli insegnamenti del Vangelo, mi viene naturale giudicarli. Poi mi accorgo che troppo facilmente anch'io sono disposto a «annacquare» le esigenze della parola di Dio.

Il Concilio Vaticano II mi ha ricordato che la chiamata alla santità è per tutti e non solo per qualcuno, migliore o più coraggioso degli altri.

Questo invito, che mi sembra impossibile per le mie forze umane, è possibile per la potenza di Dio. Occorre consegnare tutta la mia vita, credere

che a Lui è possibile ciò che per me è addirittura
impensabile.

Far festa

Il bagliore di mille luci accende la voglia di far festa, particolarmente in certe occasioni in cui ancora sento il sapore di una tradizione antica e piena di fascino. Allora i miei sentimenti mi avvertono che c'è qualcosa di speciale.

Come la nebbia del mattino, l'atmosfera di festa svanisce in un momento e mi lascia con la nostalgia e con un poco di delusione. Forse non bastano le luci e i suoni. Forse non è sufficiente l'invito a gioire che viene dai miei sentimenti.

Alle nostre feste manca troppo spesso una luce, una voce: Gesù. Senza di lui l'allegria non è gioia, senza di lui alla festa manca la musica, al banchetto manca il vino.

Solo con Dio

Quante ore passo davanti allo specchio a studiare me stesso per vedere se sono come desidero essere!

Alla ricerca di modelli da imitare, rischio di non essere più me stesso in modo profondo e genuino.

Per maturare la mia identità devo scegliere modelli autentici e non delle caricature. Essi devono aiutarmi a diventare uomo e non personaggio.

La via della croce che Gesù m'indica è difficile, ma è la via della verità, la via della giustizia, la via dell'amore.

In Lui ho visto la vittoria di qualsiasi egoismo, di ogni vigliaccheria e indifferenza, di tutto ciò che avvilisce l'uomo, rendendolo insensibile e incapace di amare fino in fondo.

La preghiera trasforma

Sono sempre preoccupato di fare cose «utili», o di compiere azioni che mi portino qualche vantaggio. Difficilmente do spazio ad azioni «gratuite», libere da qualsiasi interesse materiale o di soddisfazione immediata.

Nessuna cosa è più gratuita della preghiera, più «inutile» se ragioniamo secondo la logica del mondo. Nessuna cosa è più necessaria alla nostra vita, più potente e più capace di fare di noi uomini nuovi. In essa c'è una forza trasformante che ci rende creature nuove.

La preghiera richiede solo tempo, silenzio e ascolto di Dio che parla.

La lode a Dio

Facilmente mi lamento delle contrarietà inevitabili che la vita mi presenta. Ho la pretesa che tutto sia sempre secondo il mio comodo, il mio progetto. Così, alla spasmodica ricerca di ciò che sempre mi deve soddisfare e nel tentativo di evitare ogni sofferenza o contrarietà, anche la più piccola, perdo il dono più prezioso e più grande.

Nel rapporto di comunione intima con Dio posso leggere tutte le cose in un modo nuovo ed esultare per tutto quanto Egli ha creato e compie nel mondo e nella mia vita.

Quando Dio abita nel mio cuore, tutto s'illumina e si riscalda, anche la buia notte del do-

lore, anche nella situazione più difficile e tormen-
tata.

Il dolore

Basta aprire un giornale o accendere la televisione per accorgersi di quanto dolore esiste nel mondo. Se lo volessimo quantificare, ci accorgeremo che nemmeno l'immenso universo lo potrebbe contenere.

Quando il dolore mi attanaglia, la mia angoscia può trasformarsi in ribellione a Dio.
Sulla croce, solidale con noi fino all'ultimo, ha preso su di sé le mie colpe salvandomi, non evitando la sofferenza ma attraverso la sofferenza.

Solo con la Fede posso aprire uno spiraglio di luce nella nebbia del mio cuore.

L'altruismo

Si può essere altruisti per le motivazioni più diverse, ma ciò che conta non sono le ragioni o i sentimenti, bensì le azioni che in qualche modo favoriscono gli altri. La solidarietà ha permesso alla nostra società di evolversi notevolmente.

Quando i membri di un gruppo ben organizzato sviluppano in modo funzionale la loro attività in vista di uno scopo comune, diventano più potenti che qualsiasi individuo e più efficienti nel gestire i beni comuni. Pertanto, l'altruismo significa diventare parte di qualcosa di più grande.

Le società umane oggi hanno bisogno di dirigersi verso un altruismo universale, dove viene considerato come obiettivo primario il benessere del mondo.

La creatività

La creatività è un viaggio nei misteri dell'uomo, che nemmeno l'invecchiamento riesce a impoverirla. Quanto dura e a quali regole obbedisce?

Nel campo della musica, ad esempio, molti autori e cantanti ci spiazzano rendendo irriconoscibili le loro canzoni; alcuni registi, a ogni loro film, cambiano genere, i colori dei quadri assumono contorni e stili diversi.

Oggi che tutto è stato scoperto, il concetto di creatività subisce una mutazione naturale, poiché i cicli culturali non durano più di 2-3 secoli.

Solo la memoria è la vera ragione per continuare ad andare avanti.

Il complotto

Qualche volta ho pensato: se venissi a conoscenza di una tremenda verità o di un
complotto, lo svelerei?

Inizio col dire che tanta gente, non ha accesso a
tutte le informazioni che dispongono i governi, le
multinazionali, il Vaticano, o i grandi laboratori di
fisica sparsi per il mondo.

Credo anche che molte notizie siano infondate
ma, se all'improvviso salta fuori un qualunque
personaggio dalle cronache, che asserisce con delle prove che tutto ciò è vero, ecco che immedia-
tamente è rimesso tutto quanto in discussione e
forse val la pena crederci! Quante volte abbiamo
appreso dalle cronache che il mondo cesserà di
esistere nell'anno X. Chi può dire cosa accadrebbe

se tutto il mondo sapesse che è destinato a finire tra vent'anni?

A questo punto mi chiedo: devo preoccuparmi come genitore di fronte a una simile notizia e proteggere la mia famiglia, o condividere con gli altri una tale informazione? Tutti sappiamo che i governi dichiarano mezze verità per "il bene comune".

E' compito dei giornalisti riportare le notizie con estrema verità; è compito degli storici portare alla luce la realtà dei fatti; è compito degli scrittori indurre i lettori a riflettere su quale sia il modo per gestire i veri complotti!

Ogni mattina, quando accendo il computer, e inizio un'altra giornata di scrittura, e come se timbrassi il cartellino nella fabbrica della verità!

Il cambiamento

Ormai anche per i libri non c'è più una parola in italiano. Se entro in una grande libreria e non ho dimestichezza con le lingue, devo imparare almeno dieci parole. Intanto non è più una libreria ma un Megastore (oltre ai libri si trovano altri prodotti e servizi), e la prima cosa da capire è il Format e il Concept che ispira l'attività di Retail nell'ambito del Core Business del gruppo editoriale.

Afferrato il concetto, potete muovervi tra gli spazi del Marketplace, anche con la possibilità di un servizio Help; poi vi concedete una pausa e passate al Cafè, prima di andare nel reparto Kids, che una volta si chiamavano ingenuamente bambini, ma non sono più i bambini di una volta (tutti presi da tablet, App, touchwall...).

Ecco perché poi in un curriculum, tra la "conoscenza di lingue straniere", c'è chi mette l'italiano al primo posto!

Il trapasso

La parola che chiamo trapasso, è una parola che certamente mi fa paura, è un appuntamento al quale non posso sottrarmi e, se penso al distacco dei miei cari, per oltrepassare quella linea che ci divide, è proprio il loro ricordo che è sempre presente in me, nei sogni o da sveglio, con altre sembianze ma sempre presente.

Nessuno di noi ama la morte, la temiamo e facciamo qualunque cosa per evitare di pensarci. Quello della fine è un tema che fa parte della nostra vita.

Chi si definisce cristiano praticante, crede fermamente nella vera vita dopo la morte. Non è vero che tutto ciò che non si vede non esiste. La vita vera viene dopo. Ora siamo solo di passaggio e quando Dio ci chiamerà esisteremo sempre. Sia in terra che dopo la morte i nostri occhi non si chiuderanno più.

Conclusione

Non devo fuggire da me stesso: è importante che mi ritrovi non come mi sono voluto, a causa della mia cecità, ma come mi ha fatto Lui nella sua sapienza e nella sua infinita misericordia.

La sua volontà è che il mio corpo e la mia anima riflettano la luce del suo amore e tutto il mio essere riposi nella sua pace. Allora lo conoscerò davvero, perché io sono in Lui ed Egli è realmente in me.

Indice

Dello stesso autore*

*Disponibili anche in formato ebook

Finito di stampare nel mese di luglio 2015.

www.ingramcontent.com/pod-product-compliance
Lightning Source LLC
Chambersburg PA
CBHW030521290526
45786CB00004B/1563